Verás que no soy Perfecta
Madeline Mendieta

Verás que no soy Perfecta
Madeline Mendieta ©
Primera edición, Casasola Editores, 2021
Diseño y diagramación de Óscar Estrada
Diseño de portada de Knny Reyes
92 páginas, 5.25" x 8"

ISBN-13: 978-1-942369-55-4
ISBN-10: 1-942369-55-7
Impreso en Estados Unidos
Derechos Reservados Casasola Editores, 2021
Casasola Editores ©

215 East Hill Rd. Brimfield MA. 01010

Verás que no soy Perfecta

Madeline Mendieta

casasola
www.casasolaeditores.com

Madeline Mendieta Sevilla (Nicaragua). Es licenciada en Literatura por la Universidad Nacional Autónoma de Nicaragua (UNAN). Escritora, poeta y gestora cultural, tiene dos poemarios publicados: *Inocente lengua* y *Pétalos de sal.* Ha sido traducida al inglés, francés, alemán y portugués. Sus poemas han sido incluidos en antologías nacionales e internacionales. En 2014 el Centro Nicaragüense de Escritores le otorgó un reconocimiento por su aporte como promotora de Literatura y gestión cultural. Es también miembro activa del Festival Internacional de Poesía de Granada y de Centroamérica Cuenta festival de narrativa, entre otros proyectos culturales. Igualmente, es miembro de la Junta Directiva del Instituto Nicaragüense de Cultura Hispánica, de la Asociación Nicaragüense de Escritoras (ANIDE) y del Centro Nicaragüense de Escritores. Ha representado a Nicaragua en diversos encuentros internacionales poéticos y literarios.

I
Errótica

Abril

Yo quiero ser primavera
En el ocaso de tus desvelos.

Mis flores adornarán tu torrencial sonrisa,
Jugarán mis mariposas en tus ramificados dedos.

Ser esa estación alegre, tímida, fugaz niña,
revoloteando de cara al viento
llenar tus esperanzas con el arco iris de mi pelo.

en las diáfanas lagunas de mi pecho
Sumergirás tu enrroblecido cuerpo.

El tiempo morirá.

Seré tu infinita primavera.
naufragará tu veraniego amor
En la bahía de mis sueños.

Rapto

Llegas hambriento a devorar mis besos,
Centauro inquieto, potro perverso.

Nadando en las suculentas aguas
De nuestro lecho
Sucumbes a mi oído
Yo, adicta bruja, a tu encanto sonrío.

Salto, caigo en tu lomo, corremos libres,
Amantes,
Por el angosto aire de este río
Que corre en las brumosas laderas de mi pelo.

Cabalgata

Pulsan mis latidos
el verde témpano de tu selva,
accidentalmente bella.
hexagonal luna,
pétalos de plumas
observas silenciosa
compenetrar los pálidos cuerpos
en la cabalgata incontenible
de ardiente deseo.
Tenía los labios azulados de naufragar
en tu alcohólico aliento.
nos desbordamos lento
en la caverna mohosa
de esta pequeña y morbosa
cabalgata de incontenible deseo.

Musa

Me enamora la musa
de aladas inspiraciones
propone intercambiar
nuestros desnudos cuerpos
en un orgasmo de letras,
derramarnos, rodar
por el papel blanco.

Mordiendo y gimiendo
nos amamos
Fecundando poemas
que brotarán algún día
en maternal idea
parir un sueño, llamado poeta
vivir eternamente atada a mi musa
Hacernos el amor y engendrar otro poeta.

Deseo

Te deseo
con ganas de morir viviendo.
Quiero llenar mi deseo
con la saliva espesa de tus besos,
Que me derriten, me excitan,
me escurren en el moreno sobrio de tu cuerpo.

Correr quiero, escaparme,
flotar en tus suspiros, elevarme,
cabalgar con abrasador deseo.
jugar en tus rincones
absorberte con mi cuerpo
estallar volcán ardiendo.

Me ahogo y te ahogas.
me embriago con tu semen
que resbala en mis adentros.
me siento cargada,
embriagada y sin aliento.

"Mi táctica es mirarte y aprender como sos"
Benedetti

Mi táctica es reproducirte de lejos, a distancia
Armar cada fragmento de tu espontaneidad,
de tu libertad de movimientos, acción y espacio.
Mutilando palabras, te disfruto aún más,
te reflejo como quiero, como siento
Mi táctica es saborear cada sonrisa
cuando te deslizas con ardiente picardía
¡cómo lo disfruto!
¡cómo despierta en mí el día!
escuchando la melodía violeta
saliendo de tus labios
que se juntan para pronunciar mi nombre.

Dos

…En la noche,
en silencio,
en tinieblas
Solos.
Hambrientos, deseosos de conocernos
Mirarnos, tocarnos, sentirnos

Incrustados el uno en el otro
Cansados, felices, satisfechos

Recordando cada fragmento
          Cada emoción
          Cada latido
          Cada suspiro
Cada vez que batallamos
En la noche
En silencio
En tinieblas….

Noche de Jazz

Entró la ebria noche
Vistiendo un Harlem Nocturno
Bamboleándose.
La Blanca Palidez sentada
Ocultaba su desnuda y fugaz monotonía.
Se veían las notas estrepitarse
En un hipnótico 18 de noviembre…
¡Brutal sensualidad!!!
Un dedo deslizaba su táctil picardía
En las copas, en las notas, en las ropas.
Saboreando el ritmo se juntaron
¡Brutal sexualidad!!!
Un beso erótico
Feel so good…
Una caricia espumosa…
Meditaçao
y…
Nada, nada Jazz.

Sueño ligero

Te deslizas traviesa caricia
por los pálidos acentos de mi entrega
sonríen los poros a tu carnal inocencia.

Vamos derrochando los suspiros
que nos violentan, nos disfrazan de amantes.

Desbordando los altos relieves del cuerpo
te detienes a saborear mi aliento
escurro tu geografía con mis dedos.

Nos perdemos incautos en la nada
donde se rozan los espacios.
Te invado y me invades.
Resbalamos por el sudor hambriento,
Penetrando suavemente en la planicie de un beso.

Travesura

Desperté cualquier mañana
Los sentidos abiertos a tu espalda
El beso sopla
Los callados arrecifes de tu cuello-
solitario jardín ausente-

Van nerviosas a precipitarse las manos
al fértil secreto que siempre guardas

Lo encuentran,
Tibiamente refugiado
en las quietas comisuras de tus párpados
Revoloteando mariposa hembra y macho
Sorprendieron al amor, con las mejías ruborizadas.

Metamorfosis

Me presento llena
de calor, candor, hirviente magma
arrastrada a crepusculares ausencias
esparcidas por el espejismo del tiempo
duermen mis usuales fantasías,
tacto, sabor, olor,
¡Sismo! Metamorfosis!
Alucinante deseo desbordado
En latidos, respiros, suspiros
me transformo en sentimientos bajos,
vaginales,
Sensuales,
que atormentan mi inhóspita bahía
rompiendo tus huracanes
descarnando tus paréntesis pasionarios
Dibujando un recuerdo
Atado a la pata derecha de mi cama

Desvelándose cada noche de mi vida
ponerte improvisadamente
entre mis piernas,
entre mis brazos
entre mis tetas hambrientas
de tus caníbales dientes

Devorando el milímetro espacio
que separa tu bochorno
de mi minúsculo cuerpo.
Allí, Allí, en ese rincón que aún tu no conoces

en la serenidad de nuestras carnes
ese lugar donde no exploramos
ni siquiera sospechamos
en ese sublime lugar
Posiblemente imposible
Deambula mi carnal necesidad
Arrollada
Derramada
por tus imperiosos mandos
enfriada con tus abrumadoras pecas.

Obligándome a saber
que no es tu cama,
no es la mía,
es mi inocente engaño
aferrándose el desvelado sueño
que despertará mañana.

Lapso

Tantas cosas por despertar
En nuestra húmeda y compartida complicidad.
Mis venas sedientas de tu sangre
Transfusiva, emotiva
transeúnte en las vías incansables de mi entrega
No hay entrega sin compromiso,
Aun no te lo digo
no me importa si soy inapropiada
Mi cuerpo habla
Dime sí en ese lapso
No existo más que para una cárcel de delirio
Hoy preciso preguntarme
Es sólo un hálito pasionario, efervescente
O es un infernal amor que estalla
y se oculta más allá de mis sentidos.

Fuga

Me cansé de correr
Huir de tus fértiles bondades
Cansada
Mis palpitaciones me derriten
Viniendo una vez más
A llevarte mí aliento

Deliciosa Locura

Parpadeando en mi mente
Despierto, sola contigo
tu olor resbalando por mis poros
tu lengua hurgando en mis rincones
tus venas palpitando con las mías
tu aliento escondiéndose en mi oído
Tú, soberbio, hambriento entre mis piernas
Ahogados en un abrazo,
estallando, absorbiendo,
delirando, derramándonos
Recogiéndonos,
trasladando el trémulo suspiro
a la mañana siguiente.

Tesoro

Me provoca
Encallar en tus labios
naufragar en tus brazos
echar mis redes y enredarme
contigo,
sin contar las brazadas
sumergirme en los corales de tus ojos
buscar sin cansarme el tesoro escondido
del Pirata Pata de Palo.

Corriente

Abriste
Las cataratas de tus palabras
Para naufragar por los rápidos
Laberintos de tu mente

Despertaste
El flujo de mis torrenciales cuencas

Mojaste
Con tu intempestiva brisa
La tímida fogata
Que reposaba en mi playa
Para que tu intrépido mar
Penetrara
Tibio,
Contenido,
Fragante
Menguando la avidez
de mi insaciable afluente.

Chat

Suelto las palabras de mis manos
Pájaros en el ciber espacio
Nidos de memoria flash
Viajando por la fibra óptica
Picotean el software y hardware
Dale enter, enter, enter, enter
a este amor
De pájaros parlanchines
De pájaros carpinteros
Pajaritos empollando sueños
Pajaritos venideros,
En las gigas bites de tu corazón.

Se busca

Las paredes Blancas estrujan las venas
un pantano de cerámicas absorbe mis pies
el torniquete en mi estomago estrangula el hambre
este desértico laberinto edifica las ideas.

Coagulan nervios, de trémulas lógicas
pasos inseguros en diagramas de flujos
inertes reportes, bálsamos de indicadores

El minotauro sediento me espera
vertical rugido emana
no escucho el batir, Dedalus, tus alas
el sol no derrite los fúnebres pasillos

Una brisa de tempestad
asoma al vértice absorbente del silencio
la estampida ignorante
opaca las palabras, vorágine gutural.

La galaxia abecedaria sucumbe
en páginas amarillas,
discurso de ofertas,
compra venta de ocasos.

Ariadna no encuentro tu hilo
suelta la carrucha, ¡suéltala!

Divago entre pilares oscuros
caligramas de cuentas corrientes
balances invertebrados del alma

Rasgando el cemento
se parten mis uñas, buscando salida
desvelo la noche rompiendo respuestas
¿Dónde estás Ariadna cuándo más te necesito?

Galáctica

Los andamios del crepúsculo agonizando
en el vértigo solitario de la noche,
unos pasos que derriten el cansancio
en una ciudad ausente de edificios.

Mi casa vacía de tripulantes
con las ventanas abiertas a las constelaciones
la vorágine de estrellas seduciéndome
a escuchar el silbato de la luna.
Un destello extraterrestre me vigila
desde el ojo apabullante del espacio
solo el ruido inmaculado de unas nubes
estrangula el espectro de mis labios.

Me desgarran las sirenas de las Osas
el Centauro parte mi corazón de un flechazo
en certera conspiración de Mercurio
Plutón devorándome en pedazos.

La sensata Vía Láctea me abduce
convirtiéndome en luz translucida
luz soy, en mi cuerpo que ha dormido
Galáctica ahora será mi nombre.

Verás que no soy perfecta

Ya veras que no soy perfecta,
que soy despistada, orgullosa y terca
Ensimismada, meditabunda,
Maniática de la limpieza,
del orden de las cosas simples
Y un caos desenfrenado en el amor
De mi manía de regir mi vida por lo onírico
Pensar que tengo el don absurdo
de profetizarme en sueños
No saber decir "no" a mis amigos
De entregarme a un poema,
Como me entrego a vos en la cama
Tener el desdén de no sufrir
exageradamente por dinero
Que mi felicidad del día inicia
con una buena taza de café
Perderme por horas en el laberinto del diccionario
Buscando el antónimo o sinónimo de una palabra sin pulir
Confiar demasiado en la ingenuidad de mis pasos
Llorar hasta el cansancio en cada despedida
Ahorrarme disgustos innecesarios
Mis penas y angustias las invierto en la bolsa del olvido

Sé que hay un Dios por algún lado,
Jugando a las escondidas
Un batallón de ángeles me cuida
un ejército de demonios me atormenta
Fantaseo tomando vino con Rubén y Baudelaire,
Reírme sin cansarme con la Pizarnik y la Khalo

Le temo más a la estupidez que a la muerte
Aunque la primera con más frecuencia me ha encontrado
Hay días que me siento acero, roca, metal, asfalto
Otros soy niebla, espuma, algodón, humo
Mi color favorito el azul infinito,
el azul océano, el azul metálico
El azul que nunca me ha vestido
Me ausento en las multitudes
y hago presencia en la soledad
Dicen que soy muy buena acompañante
Y siempre estoy con malas compañías

Cargo 36 livianos años,
De lecciones, de mentiras
De amistades peligrosas
De negocios sin ganancias
De amores inoportunos
De pasiones y maldades

36 pausados años
De ver la paja en el ojo ajeno
De perder en el limbo, el ritmo del día
De suspender las horas con la magia del recuerdo
De castigar al enemigo con una empalagosa sonrisa

36 ¡y los que me faltan!
Por ganar y perder batallas
Por dar guerra y acumular paz
Por naufragar una y mil veces en los labios del bien amado
De mitigar la furia, la rabia y la ira
Con una buena dosis de embriagante bohemia

Le meto mano a la cocina
Piernas a los malos pasos
Corazón a la nobleza
Pilas a las mañanas de insomnio
Alas al pensamiento
Garras a los reptiles
Oídos al silencio
Sé que alguien me quiere
Aun con todo este laberinto de defectos
Que mi virtud más grande
Es reírme de mí misma.

"Ya no me soporto en las grietas de la espera
Ni el sopor del silencio".

Enriqueta Ochoa

Espera

Se agrieta la distancia
El abismo de la ausencia
Abre paso a su camino
Se adelgaza
La ruta de mi corazón al tuyo
Se omiten los tácitos
Cariños tibios
¿Dónde se han ido las mariposas de mis manos?
Tejedoras indisolubles de palabras
Ya no encuentran refugio
en el triangulo de tu pecho
Nos inundamos de silencio
Sin barca ni deriva,
sin vela ni tormentas
Naufragio irremediable
con un ancla a cuestas.
No se hilar, Penélope, anhelos,
Solo puedo bordar versos,
tramar irisados sueños,
Hilvanar orugas encantadas
No sé tejer, Penélope, destinos.
Un vendaval de orquídeas
Se escurren por mi pelo,
gélido soplo avizora
el mástil lejano de un navío
espero en el borde miope del anhelo
que los vientos me anuncien
Ulises, tu regreso.

Insomne

En terminal vacía
el milagro del sueño espero
este llega con su paso torpe y enervado.

La vigilia amarillea ante mis párpados
que ávidos al fin descansan

He recorrido el fondo de mis sueños
en vértigo de flores, flotas

Cálido y juguetón extiendes tu mano
me dices te he estado esperando,

Rompes tus brazos, en señal de abrazo
mis pasos apuro para alcanzarte

Torbellino arrasa con manantial florido
evaporándote en colores te derrochas de mi vista

Insistente golpeteo mi hombro toca
despierto, siempre estuviste a mi lado
vamos, dices, es hora de irnos.

Tríptico

I.
Tímida mano
Penetra
Trémula carne
Delira
Flotan ganas.

II.

Flotan ganas
Danzan pétalos de agonía
Entre vientres oblicuos
De amantes.

Tintinean sombras
Fundiéndose espectral deseo
Palpitantes e insurrectos
Deshojan sus carnes
Languidecen
En tibia penumbra
De abrazo indestructible

Se consumen aferrados
Pabilo anhelante
Soplo de vida
Cierra sus ojos
Mientras, los amantes arden.

III.

Navega
Timón
Ancla rebelde
Sin tránsito, ni marea

Zozobra
Naufrago
Remendada vela
Descansa tus pupilas
En el iris de mi faro

Alumbra
Sosegada playa
La cimbreante ola
De mi horizonte.

Acertijo

Un acertijo oculta en sus ojos,
laberinto de ternura
laguna inexplorada

el amor juega a las escondidas,
coquetea con pestañas de pecado
ante la mirada atónita del curioso

Que secreto guarda
ese chiquillo enamorado
duendecillo de los bosques
ese picaflor revoloteando

efímero bombardeo
que agita al más tímido corazón
agrio sabor a dulce
en el paladar que taladra un adiós

rayito de luna tintineando
dedos hambrientos de palabras
de besos, de caricias,
sedientos labios
curiosos cuerpos

cuando siento que al fin
lo he encontrado
se escurre con sigilo
dejándome,
el zumbido de sus alas
rugiéndome su sombras
con el espíritu apagado.

Hay un hombre derramado en mi cuerpo.

"Busco un hombre y no sé si es para amarlo o quebrarlo con mi angustia"
                                    Enriqueta Ochoa

Hay un hombre atorado en mi pecho
Hay un hombre que rechina mi alma
Hay un hombre que me corta los pulsos y sediento bebe mi
                                    /sangre
Hay un hombre derramado en mi cuerpo, sus cenizas cubren
                                    /en silencio
Hay un hombre incendiando mi carne y esta ebulle en su boca
Hay un hombre que hierve conmigo en cada crepúsculo
Hay un hombre que me inyecta mentiras y yo acaricio su pelo
Hay un hombre que escarcha mi sueño acariciándome el
                                    /hombre
Hay un hombre hambriento que pide mis piernas para
                                    /cubrirse de frío
Hay un hombre que me dibuja en la arena con pinceles de olvido
Hay un hombre asediado que oculto en mi pelo
Hay un hombre tecleando en este momento para decirme
                                    /que me extraña
Hay un hombre luz opacando mis versos para no brillar con
                                    /su sombra
Hay un hombre sin nombre que me ofrece sus ojos mientras
                                    /espero el verde de siga
Hay un hombre enviando señales celestes a mi iris menguado
Hay un hombre terrible que me escupe como bagazo
Hay un hombre floreciendo en mis brazos su ramaje es la
                                    /espesura del vértigo

Hay un hombre amaneciendo en mis ojos, lanza su tramoya y
/me saca del cieno
Hay un hombre que piensa que todos estos hombres son
/uno solo
Hay un hombre enfermo que regala nostalgias
Hay un hombre cerrando mi puño y no me deja escribir
/este poema
Hay un hombre sentado en mi orilla, aterriza en mis flancos y
/me amputa las yemas
Hay un hombre implícito, subordinando mis letras, rasgando
/páginas reescribiendo miedos
Hay un hombre al otro lado de la línea masticando la
/ansiedad de mi llamada
Hay un hombre que me observa con lasciva desde el fondo de
/un pozo
Hay un hombre enamorado que no sabe que pronunciará
/mi nombre
Hay un hombre que lo arrastro y me arrastra al abismo perpetuo
Hay un hombre hecho risas, me sacude el ingenio
Hay un hombre certero, lanzador de cuchillos que me exhibe
/en un circo
Como prueba de su pulso
Hay un hombre apretando el gatillo, en mi párpado derecho
Hay un hombre que oculto
Convicto, trasnochado, infeliz, soberbio, apegado,
vagabundo, insólito
Que palpita como cigoto en mi vientre.

Atempori

Si fuésemos víctimas de Cronos, y atempóreos estamos condenados amarnos. Sí fuésemos una mueca cínica de la mano tiránica de Dios manipulando nuestros destinos y solo vernos en la muchedumbre con el terror inaudito que esa misma mano corte los hilos. Si nuestra ventura estuviera desde el inicio marcada por la extraviada brújula de Ulises y navegar perdidos por años entre mares que nos distancian. Si pudiéramos encontrarnos en nuestros sueños suspender la barrera oblicua de la memoria y solo recordar el poder inquebrantable que tiene un instante. Si me conociste en un lugar pasado, con un nombre que no era el mío, talvez hube sido un espectro trivial de instantánea felicidad. Un vitral policromo a través del cual tus pupilas infantiles iluminaran con mácula de luz la frialdad del cristal. Si mis párvulos fueran todas semillas germinadas por tu arado, frutos de tus frutos, ramas de tu árbol, roble engrandecido en tierra fértil descansado. Si no tuviésemos rasgado el ciclo lunar, si los astros constelaran en simétrica perfección en tu regente, ni retrógrado mi satélite, ni bruñido sol calentara nuestras mañanas. Si fuese yo tu diáfana laguna, tu cálido secreto, tu perpendicular arrebato de ternura. Si el cosmos se ufana con ciegos gritos que eras mí predestinado, que tendría que ver el amor con el tiempo. Si hubiésemos sincronizado las agujas, estar en el punto exacto, en tu génesis y el mío. No cabría duda, igual nos hubiésemos encontrado.

Mientras todo esto pasa, yo absorta bruja, te observo

Puedo cortar tanto silencio con mis uñas, pero mejor las guardo y te soplo un puñado de nostalgia. Puedo sentir el cansancio de tus años en mi pelo, cuando dormitas como un niño en mi regazo. Puedo intuir el temor ancestral del pasado, la angustia desolada del abandono. La vigilia perpetua de una noche interminable.

Puedo envejecer buscando los perpetuos pliegues de tu pensamiento, tratando de encontrar la brújula de tu destino. El horizonte oblicuo en la palma de tu mano, subrayar los agrestes surcos una y otra vez, detenerme en cada línea contemplar las diminutas fisuras, los límites de tus dedos, su achatada simetría, su imponente presencia y la sutileza con que sueles deslizarlos por todas mis latitudes.

Puedo sospechar tu inquieta mirada tratando de encontrarme en un huracán de gente, abrir de par en par tu sonrisa y mover con rapidez tu cabeza y decirme al fin te veo. Mientras todo esto pasa, yo absorta bruja, te observo.

Puedo achicarme, entumirme tan pequeña para perderme en el bosque selvático de tu pecho. Bañarme en el ojo de agua de tu ombligo, deleitarme con el campanario de tu corazón que suena, tucutum, tucutum, tucutum, al ritmo de tu vida, al ritmo de este oportuno letargo. Voy a acurrucarme con confianza en tu sobaco, húmedo, tibio que exuda el leonino aroma de tu ser.

Puedo perder mi sexto sentido, añadirlo al tuyo, intuirte

todo. Bordear a penas, al miope sentido del tacto, tus orificios nasales, provocarte ruidosos ronquidos que traviesos provocan un pequeño vértice en tu boca. Sale el aíre comprimido, soplo de trompeta triunfante. Mientras todo esto pasa, yo absorta bruja, te observo.

Puedo susurrarte quedito, te quiero. Pero no me atrevo, solo te digo, te he estado esperando, que no es lo mismo. Sin embargo te susurro te he estado esperando. Aprietas tus pupilas deteniendo el breve sueño. Puedo rasgar el presente la nimiedad de este instante y colgar las tiras en el armario para ocultar el tiempo. Que no nos ocupe el pasado ni el futuro.

Puedo atravesar tu costado con una saeta de olvido, nadar a mis anchas por la vertiente de tu flujo sanguíneo, soplar las burbujas de tus glóbulos rojos blancos, resbalar en el tobogán de tu tráquea y descender por tu esófago. Puedo causar un fuerte torbellino y provocarte un repentino estornudo. Mientras todo esto pasa, yo absorta bruja, te observo.

Puedo disipar el solsticio de este veraniego sopor, aullando mi melancolía a la luna y que la helada noche te provoque un leve frío. Puedo cubrirte con mis caderas, mis piernas, mis brazos. Puedo volverme mugre para protegerte y asirme a ti. Puedo ser enredadera, rompe viento, madreselva, hiedra, pasionaria, veranera para tupirte Cedro Galán, con todas mis ramas verde olivo.

Puedo aspirar los nubarrones de desesperanza, de desasosiego, de tu volcán comprimido. Puedo desgarrarme en un grito, esparcirme como polvo y dejarme llevar por el viento. Puedo escurrirme por la caracola de tu oído, soltar la carrucha como Ariadna y escaparnos del minotauro. Puedo ungir tu cuerpo entero con perfumes y aceites. Embalsamar tu geografía, atenuar tus accidentes y explorarte todo. Puedo estar omnipresente, en el microcosmos de esta historia. Puedo constelar tus astros, estar retrógrada en tu ascendente, robar tu mapa astral y recorrer uno a uno tus planetas. Puedo expandirme tal big bang de un estallido y convertirme en estrella. Vigilar todas tus noches mientras tu cuerpo ya exhausto al fin descanse. Mientras todo esto pasa, yo absorta bruja, te observo.

II
Pachas y Mamelucos

Jugando a la mamá

A los nueve años
es tan simple ser mamá
juegas con las muñecas,
y nada es imposible
No hay temores,
no dudas equivocarte,
ni ser excelente.

El bebé de baterías
que comía y se mojaba
Era mi favorito
no lloraba,
no se llenaba de cólicos
no le daba fiebre
sobre todo
no hurgaba mi conciencia
cuando el aburrimiento
lo llevaba a su cajita
hasta el día siguiente

¡Ah! Es tan sencillo ser madre a los nueve años

sentarme a tomar café
con las amigas y primitas
alardeando del bebé más equipado
los que caminan apretando un botón
el que gatea, el que tiene pelo
el pelón, mi bebé ríe,
el mío habla, el mío canta.

son horas de diversión y parloteo
no hay quejas maritales
las pensiones alimenticias
no están invitadas.
Los abuelos parecen tan lejanos…
Es tan divertido ser madre a los nueve años!
Mi bebé se llamaba Carlitos…
Y estaba vestido de amarillo.

Espera

Extraños ruidos
En menstrual vientre arrullo
Estoy sola
En la tibia palidez de mis carnes
Ansiosa de redondez
De olor a cama maternal
Alcohol y miel de jicote
Hundidos mis ojos
en el cielo de pañales,
Mamelucos y tiras bordadas
las várices no caminan por las estrías,
las nauseas quedarán pendientes
para el próximo trimestre
Arrurú mi niño
Que no se despierten los pezones
A repartir leche matinal
mientras pestañeo
No he visto ninguna cigüeña pasar.

Cuando sea grande

Me enseñaste que en boca cerrada
no entran moscas.
A preparar arroz con leche
sin ahumarse
Que las niñas se sientan
con las piernas cruzadas
soñaba que me comprabas
todas las Barbies de moda
muchas veces me resentí
cuando me regañabas
No seas chimbarona, decías,
Yo, trepada a un árbol.
las cosas dulces y cotidianas
me dieron cuerpo de mujer
Día a día vitaminabas mi alma
con tus historias, tus plegarias, tus enseñanzas
no apagues la luz, te suplicaba,
tengo miedo de la carreta nagua
esperabas, paciente
a que el sueño llegara,
Nunca dijiste estoy cansada.
Lávate los dientes, recoge tus cosas,
pórtate bien, no seas mal educada,
no hables con la boca llena,
a los mayores se les respeta.
no digas mentiras,
¿Qué hacías para que tu memoria no fallara?
con cariño y un suave algodón
curaste mis primeros raspones,

que mis patines dejaron,
esos mismos que te mostré en la vitrina
y luego compraste.
Hoy, con el rosario en la mano
estás serena en la sala de espera
Yo, en labor y parto
encomiéndate a Dios tu puntual voz.
Con mi pequeño en brazos
sonríes trémula e incrédula
Ha sido tan corto el tiempo
y a la vez tan largo.
Ahora comprendo,
durante estos años me has preparado
Me tocará a mí, día a día repetir tus lecciones
¿Qué sería yo sin mi madre?
Una vez más mi eco infantil responde
quiero ser igual a vos, cuando sea grande.

Introspección uterina

Llora Niño, termina parto
absorbe fuente, introduce cabeza
contracciones estrechan cuello
10, 9, 8, 7, 5, 4, 3, 2, 1

Fetal posición espera
gravita en líquido amniótico
reduce tamaño, disminuye peso
desdibuja rostro, enmudecen órganos
adelgaza la placenta

Desencadena el ADN
X Y sueltan amarre
gameto 23 restado a cero
cigoto palpita, quieto
revolotean células

Esperma retorna a uretra
saco seminal aguarda
apaciguado flujo sanguíneo

Ovulo circunvala trompas
duerme quieto en un ovario
reloj biológico se rompe
con el ring ring de una llamada.

Abrazo de Mantis

Nunca te pedí nada
Un sorbete de coco
en la heladería de la esquina
Sentarnos en la banca polvosa del parque
contarnos nuestros capítulos escolares

No te pedí nada
Almorzar un domingo con mi papa
Para que te diera la entrada,
Mucho menos, una boda pomposa y ruidosa

Te pedí nada
La exclusividad de tu abrazo
En un concurrido centro comercial
Tú cómodo hombro en el clímax
De una comedia romántica

Pedí nada
La subordinación obsoleta a tu apellido
Menos, las coloquiales sonrisas
En un álbum familiar

Nada,
Nada,
Nada,
Nada
Nada te pedí.

Te arrebaté unas horas
Me devoré tu cuerpo
Exprimí el néctar de tu hombría
Que derramado sobre mi naturaleza sedienta
Sacia mis impúdicas entrañas
Que en ebria mueca proclaman
¡Mi desafío a la muerte!

Paraíso Recobrado

A: Rodrigo Sebastián

Buscando el Edén Perdido
Recorro el atlas
Insinuando torpemente
El lugar correcto
De nuestro génesis

Mañaneo mi maternidad
Asomándose a mis puntos cardinales
Excavando mis yacimientos
Emergieron de mi vientre
La superficie soberbia de mis corales

Mis helechos treparon por mis piernas,
Tupiendo mis bosques.
En la llanura de mi espalda
Se extienden escandalosamente
Los malinches y madroños.

Mis colinas presumen
Las vertientes fructíferas
De mi leche materna

En la espuma de mi pelo
Encallan hermosos vendavales
De orquídeas y jalacates.

La bruma de mi aliento
Recorre todos mis montes
el rocío de mis ojos escarcha
Mi pubis exuberante

El ramaje de mis brazos
Arrulla mis cálidos senderos
Las lluvias sedientas
Fertilizan mis manos…
que te esperan…

Mi útero volcánico
Presume su cima
Su dulce magma
Fluye violenta por mis venas
Estallando en un soplo de vida
Mi Adán, mi primer hombre
Está listo para poblar mi paraíso.

Canción de Cuna para dormir a un Puchulum

Duerme
Mi pequeño pajarito
Duerme, saltamontes, gorrioncito
Duerme chiquitito

Duerme
Mi burrito algodonado,
Duerme colochito almidonado
Duerme enamorado

Duerme
mi motita de algodón
Duerme principito de cartón
Duerme, mi bombón

Duerme,
Capullito embrujado,
Duerme, cucurucho de pichón
Duerme ventanita de mi amor

Duerme
Pedacito de uva-fresa
Duerme, caramelo de limón
Duerme burbujita de jabón

Duerme
Mi pollito bailarín
Duerme, mi carita de jazmín
Duerme, mango dulce, mayo abril

Duerme
No me canso de cantar
Duerme, pestañita, ojito de mar
Duerme, esta canción acabará.

Cuarentena

El calor transpira sudores espesos
La sedienta jauría se evapora
Posada sobre sus patas traseras
Esperando.

Bajo el torvo solsticio
Los machos jadeantes
forman pequeños grupos
Como veraneantes que manchan la arena.

Sus babas lujuriosas reptan
Por el mustio pelaje
Mientras descansa,
sobre su flanco derecho
La hembra preñada.

Pronto, los torrenciales mayos
Callarán al bochorno
Cediendo la cría el útero ocupado.

La manada sulfurada se inquieta
Solo quedan cuarenta días
Para la próxima lunada.

Atabal Fecundo

El atabal del corazón en fiesta
Arremete el baileteo de un óvulo maduro

Invicto, ecuestre, galán atisba
la estampida seminal galopante

Adversarios fecundos emprenden duelo
por el adyacente copioso

En apogeo germinal advenedizo fusiona
dos atávicos e inseparables eslabones.

Succión

Una extraña mano me sostiene
Otra hurga en mis entrañas

Ofuscada sonda inquisidora
Busca un coral perdido
En mis yacimientos

Adherido al endometrio
Tucutum, tucutum, tucutum
Insistente repicas, corazón

Quién late más fuerte
Mi conciencia, mi temor
Tu pequeña existencia

Búscala, búscala
Quiero pronto acabar
Aspira, respira, aspira, respira

Hueco dolor entumece fibras
Algodones vestidos de gasas
Escupen fuego de sangre

Sonámbulas piernas
Pierden estribos

Tranquila, pronto acaba
Rutinaria voz repite

Aspira, respira, aspira, respira

Tu....cu......tum!

Se ha partido el alma
De un cuerpo que no germina.

Ausente compañía

Sólo
la sala de espera, me aguarda.
posologías, panfletos hormonales,
balances nutricionales
me acompañan
arrinconada en su mundo expediente
dando largas explicaciones
expira en el teléfono, la enfermera
las sillas quietas, empotradas al piso
que parece más pálido y traslúcido.
el incesante repique
cuela un poco del exterior en mis oídos
citas, canceladas, pospuestas, confirmadas.
Inquieta.
busco en las paredes
dónde extraviar las pupilas
un convencional afiche
proponiéndome tomar hierro
una mujer amantando vestida de Maja
un bebé duerme y advierte silencio
deletreo de atrás hacia delante y viceversa
ginecólogo – obstetra
cambio la ruta de mi vista,
otra vez el rótulo imana mis ojos
un café oportuno no es ofrecido, divago.
tú ausencia,
acentúa la sala
se abre la puerta
¡al fin nos llaman!

Pachas y Mamelucos

A: ¡Mi Chuchupina, Por supuesto!

Voy limpiando mis gavetas,
guardando mis archivos,
perdiendo la postura
de burócrata empedernida

papeles ordenados
tareas repartidas
la taza del café en el bufete

Las claves sin acceso
el correo suspendido
las llamadas amordazadas

Me despojo de esta cáscara
de mujer trabajadora
me refugio en la madre
que ansiosa brillará en año nuevo

Pachas y Mamelucos,
caricias, arrumacos
pañales, leche materna
palabras parlanchinas
balbucearé nuevamente.

La madre fuera del closet
chinchineando a su muñeca
jugando a la casita

Todo el tiempo para nosotras
cantando los pollitos
vistiendo y desvistiendo
a la niña de mis sueños.

Paraíso recobrado II

A mi única Eva: Madeleine Adriana

Cuatro lunas menguantes
me han visitado,
tulipanes, bugambilias
bálsamo han derramado
en las cuencas vacías de mi vientre

Vierten suntuosas sus sabias
derroche de cómplice primavera
abrilesco viento me ha cubierto
Advirtiéndome en sollozos
tú nívea presencia

Que hadas del bosque han confabulado
Con esta fértil bullaranga.
resplandecen mis vertientes,
se iluminan mis racimos
de ternuras multicolores.

En manantiales afectos me desbordo
mariposas amarillas me persiguen
tus mil nombres revolotean por mis llanos
Adriana, Margarita, linda está la mar,
Remedios la bella, Magdalena, Eva.

Son tres niñas las que he soñado,
de inmensos ojos y cabellos rizados
Pero no serán ellas sino vos,

la que del cerco de mis costillas saltarás
En un platero, suave y blanco como el algodón.

He de nombrarte felicidad,
cubrirte con los azules pájaros de mis manos
Roro, el escarabajo inquieto,
te está esperando.
Para completar mi paraíso,
¡Palomita de mi libertad!

2 a las 2:30 p.m.

Penetra
Quieta
La aguja
Al centrífugo nervio
Espina dorsal
Entumecen
Piernas
Se desvanece
la rígida carne
El parpadeo atonelado
Pierde ritmo al pestañear
Por las ranuras oculares
Quirófano solar deslumbra
hasta 10 cuenta regresiva
1, 2, 3, 4,
Me ha poseído el vacío
Escalpelo traza línea
Roja sangre eyacula vida
Introduce mano con látex
Sale niña, llora madre.

Nudo sin puntadas

"Tú sola bruja, con tus puntadas lentas y largas de hábil sutura" C.M.R

¿Cómo separar a la mujer de la madre?
Con pulso certero
de escalpelo afilado
Suturar uno a uno
los pliegues endurecidos
Cicatrizar los poros
de mansedumbre maternal
soltar amarras
mujer embravecida
izar los sostenes,
quemar las sombras menstruales
Darle aspecto de elasticidad, frescura
a los pechos amenazados de gravedad
esconderla en un baúl con doble fondo
cortar con serrucho del ilusionista
a una mujer en dos,
en tres, o cuatro porciones
Mujer, amiga, madre,
esposa, amante, fémina.

¿Cuántos trozos han de unir las Moiras?
¿De qué fibras harán la carrucha?
enhebrar los hilos
con habilidad de bruja
y remendar mi vida.
Cocer todas y cada una
de las pizcas de aquellas
que habitan en mí.

¿Dónde están mis hijos?

Plegaria de la llorona, leyenda popular.

¿Dónde están aquellos
por quién deambulo por las noches?
los que dejaron arados los pliegues de mi útero
ingratos taciturnos, malhechores del destino.

¿Qué se hicieron las huérfanas embravecidas?
livianas luciérnagas clandestinas
que dejé olvidadas en un lupanar.

Una plegaria por mis críos sepultados,
los extraviados, los perseguidos, los secuestrados,
los asesinados por calumnia indeleble de mi leyenda.

¿Dónde están mis héroes sin fúsil?
los fusilados, los camuflados de guerras innecesarias,
los conspiradores, los abusadores y abusados.

¿A dónde fueron a parar?
los desaparecidos fantasmas políticos,
los ancestrales pactistas vende patria.

Pido una oración por mis malos hijos,
los desterrados, los enterrados
en los escombros de mis penas
los angustiados vampiros nocturnos.

Mis sedientos hijos huelen pega,
los infames corruptos de armadura inmaculada
Narcotranspirantes inhaladores de muerte.

¿A dónde fueron a parar?
mis peregrinas marginales,
mis difuntas latitudes
esperpentos dibujados
en los eslabones de mi piel herida.

¿Porque no contestan esos mal agradecidos?
búhos negros comerciantes, desprestigiadas pitonisas,
los malhechores de la risa, batracios del encanto,
las matarifes de lenguas inocentes,
las infernales seductoras de la rabia.
¿Por dónde andan?
las chifleteras, las picheleras, las marionetas
los chupacabras, los lame botas y los piedreros
los hackers, los come cuando no hay,
los abusivos empedernidos
los violadores de pueriles almas.
¿Por qué me castigan con su desprecio?
¿Por qué no simulan una mueca obscena de cariño?
Sí al fin y al cabo yo soy su madre.

III
¿Dónde estás Papá?

"Vine a Comala porque me dijeron que acá vivía mi padre, un tal Pedro Páramo"

Juan Rulfo.

Momento Sepia

Papá,
Me duele este edificio,
El alma asfaltada de las vértebras
se opacan en un torbellino de ausencia.

Papá,
Me lastiman las venas,
La sangrante agonía
No me deja tomar tu mano.

Papá,
Me hiere la disonante palabra
Las sílabas se atascan,
atropellándome en silencio

Papá,
Me punza esta estructura,
Esta cordillera insolente
enturbia de cieno mi existencia

Papá,
Me laceran tus exiguas sombras
el torrente permanente de abandono
La absoluta insolvencia de tu estampa

Papá
Me aploma este frustrado apellido
Que cargo, cuesta abajo
Mi única tenencia de este olvido.

Papá,
Me abruma la sepia imagen
cristal distante entre nosotros
enmarcada relación en pose fotográfica.

Senil

Se flagela con mudo silencio,
Absorto en un columpio
Su vista se aturde al vacío

Papa se está hundiendo

En un fármaco pantano
Va menguando sus labios
No articula voz

Papá se está postrando

Sus tenues piernas
Anquilosadas de años
Malgastan los pasos

Papá se está extinguiendo

Sus trémulas manos
Buscan estribo seguro
En su astillero no zarpa navío

Papa se está gastando

Parpadeando en sus memorias
No levanta velas
El horizonte se escurre.

Papá se está apagando

la chisporreante sonrisa
mohín de infante hoy es
negándose pócima catar

Papá se está marchando.

Comala

Suspira viento
Apaga velas
Lóbrego pueblo.

Vaporosas sombras
Cerradas bocas
mudas voces.

Madre suplica
encuentra padre
llamado Pedro.

Mundanal silencio
Lúgubre complicidad
Fantasmal fiesta.
Juan,
Comala ha muerto.

Hijo busca
Ausente padre
Lejano Páramo.

Abres puertas
murmullos flotan
miedo pétreo.

Agitas pasado
Escuchas historias
Atas cabos.

Terrenal abuso
lamentos, gritos
caporal infame.

Juan,
Comala ha muerto.

Ideal buscado
Fallido intento
Progenitor funesto.

Disparando muerte
Mujeres dolientes
Lugar tétrico.

Juan,
Comala y vos han muerto.

Vuelo en Sol Mayor

He de hacerte hijo,
Con mis rudas falanges
Un par de alas.

Hilvanaré nudo
con acento mágico
sellaré con cirio luz,
menguadas plumas
a tu espalda

Dedal en mano,
mal empuño
una sagaz aguja
remendándote la libertad

Para sacarte Ícaro
De mi propio laberinto.

Acomplejados

Mientras la miopía de Edipo
engrandecía a su madre,
Electra seducía a Orestes
al parricidio

El padre muerto, el hijo ciego,
La madre suicida.

Clitemnestra, Egisto y el rey de Micenas,
En mortífero ménage á trois

Edipo errabundo entre dunas
Encadenando a penar
en perpetua oscuridad.

En el diván de su maestro
Electra es manoseada por Jung

Freud, elucubrante
Sicoanaliza
Mi atrofiada psiquis
Cautivada, revelo
Patológico apego a mi padre.

Trosko Volcánico

A: BM

A veces tu recia voz
empuja truenos
roncos retumbos
abruptos despojos.

Siento la tensión
en las inflexiones vocálicas
la gruesa curvatura
de tu garganta ardiendo.

Guturando magma
como afluente hervidero

Exhalando lava
Como trosko volcánico

Fumarola humeante
Como cráter despierto.

Giro Tango

A mi Abuelo: Heliodoro Mendieta Maya.

¿Tanguero que te hiciste?
rudo vendaval tu voz,
desgarrabas la guitarra,
con giros de tango empedernido.

Errante, nota a nota salpicabas
este cante hondo en tascas y cenáculos
al herir el alba suspirabas, por Indias y Dianas.

Vasco, exquisito del mundanal Bohemio
Perdurable fullero de barajas cargadas
Con giros de tango apaciguado.

¿En qué zarzal te habrás metido?
que vienes con las metáforas sangrando
arañadas las baladas hasta el tuétano.

Por impertinentes arrabales
el lunfardo en la bóveda de la boca
Con giros de tango acalorado.

No toco Rock, Soy Rocanrolero

Para Manito, por ser irremediablemente mi padre.

Estridente sonido
que aplaca las sombras
En re sostenido,
púrpura nota quiebra espectro
tu menguada figura
de melena humedecida.

Manito, de niño el alma quedó intacta
aquella tarde de parque accidentado
desafiando toda ciencia
falange movimiento.

infringes la guitarra
con sincope arritmia
chirriando agudas notas
electrónicos filamentos
infernal rock star, hippie setentero.

Piedra rodante, de lustrosa acústica
Tormentosos deciveles,
desgarrada garganta
¡Rolling and Rolling like Heller's stones!

Acido roquero, legendario solista
ejecutante de martillados solos
con tu índice feroz
las cuerdas exhalaban fuego.

Áspero género, rebeldía causa
mayúsculo exponente de Hendrix,
Zeppelín y Morrison
Renacuajo, nadie te mete mano.

A tu manera,"knock, knock, the heaven doors"
Expirarás con el pantalón
y botas de cuero.
Mascullando tu emblema anarquista
"No toco Rock, soy Rocanrollero"

La Sombra del Sombrero

"Enseñé mi obra de arte a las personas mayores y les pre-
gunté si mi dibujo no les causaba miedo. ¿Por qué habría
de darme miedo un sombrero? –me respondieron."

Antonie de Sant-Exupéry

La sombra siniestra
amiga del miedo,
el miedo fúnebre, inerte
temblando bajo la sombra del sombrero.

Silente, baja la sombra
entre matorrales abstemios y oscuros
apabullando feroz al sabueso invasor

Agiganta el paso crujiendo el silencio
siluetas rumiantes acechan la marcha
anglo pandemia murmullo letal.

En el sereno el sombrero inmóvil
sombrío aguarda en silencio
el ánima, anima mosquete certero.

Expelen la sangre los cuerpos
languidecen las almas azoradas de pánico
avizora la aurora, la Augusta
Sombra del sombrero.

Camino de Regreso

A: Francisco Ruiz Udiel

Te remiendo
este poema
con la cadencia
de tu mirada.
quiero deletrearte la luna
colocar migajas luminosas
en tus manos.
te doy este poema
y me detengo en esta coma,
te endulzo mis epítetos
saboreando con frenesí
algún viejo soneto.
un eje errabundo se sostiene
en una sílaba
mientras respiro
el pilar cósmico del ocaso.
quise tener un alfabeto completo de razones
un laberinto inmortal
que me lleve al bosque de tus ojos.
Llevo la tarde de domingo,
fumándome estos versos.
exhalando cerros
de metáforas.

Quiero acabar este poema
planchándole las vértebras al pleonasmo
escurriendo gotas a un periquete
derramando migas de pan,
que te muestre el camino de regreso.

ÍNDICE

I
Errótica

Impreso en Estados Unidos
para Casasola LLC
Primera Edición
MMXXI ©

ivxxiimmxxi

Made in the USA
Middletown, DE
29 May 2021

40631164R00057